# PROTECTORAT DU CAMBODGE

# DISCOURS (François-Marius)

## PRONONCÉS PAR MONSIEUR BAUDOIN

RÉSIDENT SUPÉRIEUR DE LA RÉPUBLIQUE FRANÇAISE AU CAMBODGE

A LA

### PRÉSENTATION DES SERVICES DU PROTECTORAT

A L'OCCASION DE

### L'ARRIVÉE DU GOUVERNEUR GÉNÉRAL MAURICE LONG

A PHNOM-PENH, LE 23 FÉVRIER 1920

ET A

### L'INAUGURATION DE L'ÉCOLE D'ADMINISTRATION CAMBODGIENNE

QUI A EU LIEU LE 24 FÉVRIER 1920

PHNOM-PENH
IMPRIMERIE DU PROTECTORAT
1920.

# DISCOURS

PRONONCÉS PAR MONSIEUR BAUDOIN

RÉSIDENT SUPÉRIEUR DE LA RÉPUBLIQUE FRANÇAISE AU CAMBODGE

A LA

## PRÉSENTATION DES SERVICES DU PROTECTORAT

A L'OCCASION DE

## L'ARRIVÉE DU GOUVERNEUR GÉNÉRAL MAURICE LONG

A PHNOM-PENH, LE 23 FÉVRIER 1920

ET A L'INAUGURATION

## DE L'ÉCOLE D'ADMINISTRATION CAMBODGIENNE

QUI A EU LIEU LE 24 FÉVRIER 1920

RÉPUBLIQUE FRANÇAISE

LIBERTÉ — ÉGALITÉ — FRATERNITÉ

## PROTECTORAT DU CAMBODGE

# DISCOURS

### PRONONCÉS PAR MONSIEUR BAUDOIN

RÉSIDENT SUPÉRIEUR DE LA RÉPUBLIQUE FRANÇAISE AU CAMBODGE

A LA

## PRÉSENTATION DES SERVICES DU PROTECTORAT

A L'OCCASION DE

## L'ARRIVÉE DU GOUVERNEUR GÉNÉRAL MAURICE LONG

A PHNOM-PENH, LE 23 FÉVRIER 1920

ET A

## L'INAUGURATION DE L'ÉCOLE D'ADMINISTRATION CAMBODGIENNE

QUI A EU LIEU LE 24 FÉVRIER 1920

PHNOM-PENH

IMPRIMERIE DU PROTECTORAT

1920.

# PRÉSENTATION DES SERVICES DU PROTECTORAT

### A L'OCCASION DE

## L'ARRIVÉE DU GOUVERNEUR GÉNÉRAL LONG

### A PHNOM-PENH

———

Monsieur le Gouverneur Général,

Au Chef du Protectorat revient aujourd'hui l'honneur et l'agréable privilège de vous souhaiter la bienvenue sur cette terre cambodgienne que vous foulez pour la première fois en venant prendre possession du Gouvernement général de l'Indochine.

Tout ce que le Protectorat compte de personnalités et de notabilités: Membres de la Famille royale, du Conseil des Ministres du Gouvernement cambodgien, des Corps élus français et indigènes, Chefs des Services généraux et locaux, fonctionnaires, officiers et colons, tous par ma voix s'empressent d'apporter à cet instant, félicitations sincères et salut respectueux du Cambodge au nouveau Chef de la colonie.

C'est avec le même empressement que chacun de nous, Monsieur le Gouverneur Général, vous réserve le concours le plus entier, la collaboration la plus active et met à votre disposition l'expérience acquise des choses du pays pour la mission délicate et importante que le Gouvernement de la République vous a confiée.

Vous trouverez en outre ici, discipline, dévouement et confiance des Français ainsi que bonne volonté, attachement et loyalisme du Gouvernement cambodgien et des populations indigènes, tous éléments, qualités et état d'esprit qui facilitent les manifestations d'autorité, de labeur et d'énergie rendues nécessaires si l'on veut ne pas interrompre l'ère de progrès, matériel et moral, commencée et poursuivie par vos éminents prédécesseurs.

Mais déjà les hautes fonctions que vous avez exercées dans le Gouvernement de la Défense nationale, vos travaux parlementaires sur les colonies françaises, les déclarations bienveillantes faites à votre débarquement à Saïgon sont un sûr garant du maintien des destinées de la France d'Asie en mains sûres et habiles dans les circonstances particulièrement difficiles, nées d'une crise économique mondiale sans précédent qui pèse plus particulièrement sur la Métropole.

N'est-il pas unanimement reconnu aujourd'hui que les colonies françaises sont à même de jouer avec certitude un rôle imposant dans le rapide relèvement de la situation économique et financière de la Mère-Patrie, objet de toutes les préoccupations patriotiques de l'heure présente ?

Il n'est pas douteux que la colonie, sous votre ferme et clair-voyante impulsion, tiendra la place honorable — de tout premier rang devrai-je dire — qu'elle a déjà occupée dans les moments angoissants de la terrible tourmente en recrutant pour la Métropole des ouvriers d'usine et des soldats combattants nombreux, en fournissant des matières premières en abondance et en recueillant des subsides considérables pour les œuvres charitables de la guerre et pour les emprunts nationaux.

Au cours des événements tragiques de ces dernières années, vous n'ignorez pas, Monsieur le Gouverneur Général, que le Cambodge a su répondre avec enthousiasme et générosité aux appels vibrants du Gouverneur Général Albert Sarraut, aux proclamations et aux sages conseils de son Vénéré Monarque et aux instructions et directions du Protectorat.

Le pays cambodgien ne méconnaît ni les devoirs ni les obligations qui lui incombent encore en ces jours, difficiles pour tous, ni les sacrifices pécuniaires qu'il doit à nouveau s'imposer. C'est ainsi qu'il y a quelques semaines à peine, à l'occasion de la "Journée" organisée au profit de la reconstitution des territoires libérés et pour l'adoption d'un village détruit par l'ennemi, les populations de la capitale et des circonscriptions administratives du Protectorat se sont placées en tête des pays de l'Union par les souscriptions généreuses et spontanées recueillies et qui s'élèvent à plus d'un million sept cent mille francs.

Dans un autre ordre d'idée, je puis affirmer que le pays a développé son outillage économique autant qu'une gestion prudente de ses ressources financières limitées l'a permis en vue de préparer l'après-guerre. Son réseau routier de plus de 2.000 kilomètres empierrés, ses services nouveaux de transports publics par automobiles lui permettent aujourd'hui de mettre en exploitation des richesses naturelles immenses, principalement constituées en forêts, mines, cultures diverses, de porter dans les pays limitrophes son expansion commerciale et de faciliter le grand tourisme vers les admirables Ruines khmères et les sites remarquables du pays.

Il faut que l'on sache aussi que de cette partie de ce merveilleux patrimoine d'Outre-Mer, la Métropole peut tirer dès maintenant du fer, des phosphates à extraire de son sous-sol, des bois d'ébénisterie, des tanins, de la gutta, à prélever dans son domaine forestier; du riz, du coton, du kapok, du tabac, du poivre à récolter sur ses rizières et ses plantations; des produits alimentaires, conserves de viande et de poissons, des produits destinés à l'industrie: soie, textiles, peaux; cornes, huile, etc..., pour lesquels la France reste tributaire de l'étranger à raison de plusieurs centaines de millions de francs par an, grevant ainsi lourdement le marché de son change. Le commerce local peut recevoir en compensation des tissus, des articles manufacturés de toutes sortes qui s'importaient en grande partie avant la guerre, des pays ennemis.

Et ne croyez pas, Monsieur le Gouverneur Général, que cette mise en exploitation ne soit qu'ébauchée. Il me sera possible, dans le court séjour que vous allez consacrer au Cambodge, de vous faire visiter des usines affectées à l'exploitation des bois d'œuvre, à la filature de la soie, au décorticage du paddy, et vous présenter quelques unes des corporations indigènes d'ouvriers d'art, des industries familiales, appelées à un essor qui laisse entrevoir les plus belles espérances dans le domaine des ressources et du bienêtre à apporter à la population indigène laborieuse.

En outre, des sociétés ou firmes importantes manifestent leur activité, tel le Comptoir cotonnier de Paris qui vient d'obtenir une concession de 18.000 hectares, mise immédiatement en défrichement pour la culture du coton, et qui installe à l'heure actuelle sur le Mékong une usine d'égrenage, malgré le surcroît de dépenses occasionnées par le taux élevé de la piastre. Deux sociétés nouvelles, avec des capitaux importants, demandent chacune des concessions d'une superficie respective de 5.000 à 20.000 hectares en vue du développement de la même culture.

Enfin, d'autres sociétés sont en voie de formation et destinées l'une d'entre-elles à exploiter une concession de 25.000 hectares de forêts dans la région maritime du Cambodge, les autres le gemmage des pins dans les forêts de Kompong-Thom, et à préparer et à vendre, comme engrais, les résidus inutilisés de poissons des pêcheries des Grands-Lacs cambodgiens.

Toutes ces créations ou exploitations projetées, œuvre des premiers moments de l'après-guerre, montrent les possibilités réelles du pays en ressources exploitables et les intentions bien arrêtées de mise en valeur par l'apport des capitaux provenant uniquement de l'initiative privée des colons français à qui revient l'honneur de toute cette activité féconde.

Ces tentatives heureuses sont à encourager et à protéger. Mais l'Administration supérieure se doit de faciliter leur tâche dans ces contrées lointaines, par l'exécution d'un programme de travaux publics plus adéquats aux besoins nouveaux du pays. C'est ainsi qu'avec l'achèvement à poursuivre rapidement du réseau routier existant, il convient d'envisager, en première urgence, les travaux d'irrigation du Prek-Thnot qui viendront assurer régulièrement les récoltes de régions très peuplées, atteintes encore trop souvent par la disette chaque fois que le manque d'eau de pluies se fait sentir pour la culture des rizières. Les lignes de chemin de fer, le creusement du canal de Takéo envisagés depuis longtemps sont à retenir en première ligne ainsi que l'outillage du port de Phnôm-Penh et la création d'un port maritime à Réam. Ces travaux constituent un programme minimum réclamé aussi bien par le commerce local que par la population indigène et reconnu indispensable à la vitalité et à l'extension économique du pays.

Au reste, il vous sera facile de vous rendre compte, Monsieur le Gouverneur Général, que de tous les pays de l'Indochine, le Cambodge n'a pu bénéficier jusqu'ici que d'une somme dérisoire sur celles consacrées aux grands travaux d'emprunts contractés par la colonie, et que même les subventions annuelles du Budget général au Budget local ont été des plus parcimonieusement attribuées. Je dois à la vérité de mentionner cependant que grâce à la sollicitude toute particulière que le Gouverneur Général Albert Sarraut a bien voulu témoigner au Cambodge, des crédits importants du Budget général sont venus, en ces dernières années, parachever le réseau routier, les œuvres scolaires ou sociales ou d'assainissement de Phnôm-Penh et commencer ceux d'un sanatorium au Mont Bokor, tous projets d'une incontestable utilité. Mais le programme de ces améliorations est loin d'être complet et terminé, et appellera également, comme celui des grands travaux, votre bienveillante sollicitude.

Si le bilan des travaux publics exécutés dans le pays khmer en ces dernières années se présente sous un aspect favorable malgré les difficultés rencontrées pour se pourvoir de matières premières, celui des réformes politiques, administratives et financières ne le cède en rien au premier.

— 5 —

En effet, des mesures tendant au relèvement moral, intellectuel et matériel des populations, à la sécurité générale, à une meilleure distribution de la justice et à une plus équitable répartition de l'impôt dans le pays soumis à notre influence, se sont poursuivies à la grande satisfaction des administrés et des classes dirigeantes du royaume grâce aux directions éclairées du Gouvernement général, aux initiatives du Protectorat et à la collaboration entière et confiante du Gouvernement cambodgien.

Toutefois, il convient de reconnaître que ce programme de réformes n'a pu obtenir jusqu'ici son plein effet faute de personnel français en nombre suffisant dans les diverses Administrations, où la pénurie atteint souvent près de 60 % de l'effectif général, conséquence de la mobilisation générale ou de départs consécutifs à un long séjour ainsi qu'aux difficultés actuellement rencontrées à l'embarquement des fonctionnaires à Marseille.

Je suis heureux cependant de constater le dévouement, l'activité et l'endurance dont ne cesse de faire preuve le personnel resté à son poste colonial et qui, aidé et secondé utilement par les auxiliaires indigènes, assure jusqu'alors la marche à peu près régulière des services. Qu'il reçoive ici, en présence du Chef de la colonie, l'expression de mon entière satisfaction.

Je m'excuse, Monsieur le Gouverneur Général, de retenir si longtemps votre attention sur l'exposé de la situation du Protectorat et de ses besoins immédiats, alors que des problèmes d'une plus grave portée sollicitent à cette heure vos réflexions et décisions. Mais il m'est apparu qu'en vous signalant, dès votre arrivée, les revendications légitimes, les lacunes et les vides qui existent, les améliorations à poursuivre, en somme les desiderata du pays, peut-être ceux-ci seraient-ils satisfaits avec plus de rapidité puisqu'ils tendent à intensifier la recherche et l'exploitation des richesses économiques et industrielles locales à mettre à la disposition de la Métropole ainsi qu'à assurer un mieux-être aux populations confiantes qui suivent nos directives.

En résumé, je puis vous affirmer, Monsieur le Gouverneur Général, que le Cambodge tient compte des charges budgétaires qui incombent à l'Indochine, des appréhensions qui naissent de cet état de choses et a conscience de la situation économique et de la crise financière critiques que subit en ce moment la Mère-Patrie. Aussi désire-t-il apporter avec ardeur son contingent d'efforts féconds en multipliant ses ressources par les voies et moyens dont il disposera et supportera-t-il sa part de sacrifices avec l'espoir d'un avenir meilleur très prochain.

C'est à la devise: Créer, produire et exporter, qui est certainement la vôtre, Monsieur le Gouverneur Général, que tous ici, Français et protégés, unis dans un même sentiment d'amour filial et de loyalisme, s'efforceront de la mettre sans répit en application, pour maintenir le brillant prestige que la sublime Victoire de nos héroïques soldats a donné à la Mère-Patrie.

Laissez-moi, pour terminer, placer ces nobles buts à atteindre sous les auspices de l'accueil unanime et chaleureux qui vous est fait en ce moment à Phnôm-Penh et vous prier d'agréer les souhaits que nous formons tous pour la réussite complète de la mission par laquelle, au nom de la France Bienfaitrice, vous allez hautement, en y consacrant le meilleur de vous-même, continuer sa tradition de Civilisation, de Justice et de Progrès.

Vive le Cambodge!

Vive la France!

# INAUGURATION



## L'ÉCOLE D'ADMINISTRATION CAMBODGIENNE

———

SIRE,

MONSIEUR LE GOUVERNEUR GÉNÉRAL,

MESSIEURS,

Le nouveau bâtiment qui abritera désormais l'École d'Adminis-tration cambodgienne et qui ouvre aujourd'hui officiellement ses portes pour la première fois, ne pouvait souhaiter en ce jour d'inau-guration une assistance mieux choisie ni plus nombreuse.

A la création de l'institution, les assises se sont tenues dans un immeuble en bois, situé près de l'enceinte du Palais, non approprié à cette destination qui, déjà très délabré par les atteintes des années, fut bientôt abandonné et démoli. Les cours furent alors pratiqués jusqu'à ces derniers temps dans une des classes de l'école primaire Doudart de Lagrée.

Il a été donné au Gouverneur Général Albert Sarraut de poser la première pierre de cet édifice au mois d'août 1917. Au représentant de la France en Indochine et à Vous, Sire, revient en ce moment l'honneur de procéder à son inauguration solennelle. L'École d'Ad-ministration Cambodgienne ne pouvait être placée sous de plus brillants auspices et cette date restera spécialement marquée dans ses annales.

Ainsi qu'on peut en juger par une vue d'ensemble, il a été conservé au nouvel édifice, dont les plans sont dûs à l'inspecteur des bâtiments civils Tissier, la facture architecturale khmère. C'est le

premier des trois bâtiments projetés dont les deux autres se construisent actuellement à proximité de celui-ci et qui seront affectés l'un à une école franco-cambodgienne destinée à recevoir les enfants du 3e quartier de la Ville, et l'autre à l'École de Pali qui, comme vous le savez, contribue à dispenser l'étude des textes sacrés bouddhiques et l'enseignement du sanscrit. La structure générale et les dimensions de ce dernier édifice seront identiques à l'École d'Administration cambodgienne en sorte que ces trois bâtiments constitueront un groupe homogène dont la vue perspective en façade sur la place du marché de Suon, présentera le plus bel effet. Ces constructions achevées apporteront un réel embellissement dans cette partie de la capitale qui conservera son caractère essentiellement local.

La distribution intérieure du bâtiment que nous inaugurons comprend un vestibule donnant accès à droite, face à l'édifice, à la salle réservée aux chargés de cours, à gauche à celle affectée à la bibliothèque mise à la disposition des étudiants, et, enfin, au milieu, spacieuse et bien aérée, entourée d'une vérandha, à la salle des conférences pouvant contenir 150 personnes confortablement installées.

L'agencement des locaux opéré avec du mobilier neuf satisfait aux besoins de l'école et s'harmonise avec l'aspect confortable de l'édifice.

C'est dire que rien n'a été négligé pour offrir aux étudiants qui se destinent aux carrières administrative et judiciaire un cadre digne du rôle important qu'ils seront appelés à tenir dans le royaume.

*
* *

Pour bien apprécier l'importance des services que cette école est appelée à rendre au pays cambodgien, il convient de montrer dans un rapide exposé les divers stades par lesquels elle a passé avant d'arriver à l'organisation qui la régit actuellement.

Au mois de septembre de l'année 1910, une ordonnance royale créa à Phnôm-Penh des cours de droit cambodgien dans le but de vulgariser la connaissance des nouveaux Codes, pénal et d'instruction criminelle, qui venaient d'être promulgués dans le royaume. C'est à cette date qu'il convient de faire remonter l'origine de l'institution.

Ces cours furent assidûment suivis par quelques étudiants de bonne volonté mais le programme des études était trop restreint, le temps de scolarité trop hâtif pour espérer obtenir des résultats sérieux au point de vue d'un bon recrutement des magistrats cambodgiens suffisamment experts dans la législation de leur pays.

Cette expérience dura quatre années. A la date du 31 janvier 1914, l'École des Kromokars remplaça les cours de droit. Cette organisation nouvelle préparait les candidats et les admettait directement soit aux fonctions administratives, soit aux fonctions judiciaires, après un examen de sortie passé à l'expiration de la deuxième année d'étude dans l'une ou l'autre section.

Le fonctionnement de l'École des Kromokars révéla bientôt que la spécialisation donnée aux études ne formait que des fonctionnaires ou magistrats très inférieurs à la tâche qu'ils avaient à remplir pour la raison principale que la séparation des pouvoirs n'existant pas dans l'Administration des provinces cambodgiennes, il était indispensable que les mandarins connussent et les règlements administratifs et l'usage et l'application des codes pour assurer leur service avec compétence. Le gouverneur d'un khêt est en effet, en matière indigène, à la fois administrateur et juge dans son district, à l'instar du Résident, chef de circonscription du Protectorat, en matière française.

L'École des Kromokars présentait un autre inconvénient qui consistait à réserver tous les emplois administratifs ou judiciaires à ses élèves diplômés ne permettant pas aux candidats libres d'avoir accès aux fonctions publiques. Les cours n'ayant lieu qu'à Phnôm-Penh, il y avait là un monopole de fait qui amena des réclamations justifiées de la part des candidats des provinces. L'Administration se privait ainsi de sujets souvent capables.

Entre temps survenaient en 1917 la réorganisation de l'Enseignement supérieur de la colonie et l'institution à Hanoï d'écoles spéciales, entre autres celle de Droit et d'Administration, dues à la clairvoyante pensée du Gouverneur Général Albert Sarraut. Puis intervenait au Cambodge le Statut du personnel de l'Administration cambodgienne, réforme qui, en apportant plus de garanties au recrutement des fonctionnaires, réclamait d'eux des connaissances générales plus étendues.

Le moment paraissait particulièrement favorable pour modifier le fonctionnement de l'École des Kromokars dans le sens des améliorations reconnues nécessaires et dans le but également de relever le degré d'instruction en élargissant le programme des études.

Il est tout à l'honneur de Votre Majesté d'avoir réalisé cette transformation par son ordonnance royale du 20 novembre 1917, qui a substitué l'École d'Administration cambodgienne à l'École des "_mokars. La réforme a principalement consisté dans la réun_ des deux sections d'enseignement en une seule. Désormais, le recrutement des effectifs des smién et krala-banhchy (secrétaires et greffiers) ne s'opérera que par la troisième classe parmi les diplômés de l'École, mais les autres grades et fonctions ne restent accessibles que par le concours institué à cet effet. Le diplôme de l'École donne cependant droit à une majoration de points comme la possession de diplôme de l'enseignement français.

D'autre part, les cours dispensés à l'École ont pris une plus grande extension et portent aujourd'hui sur les matières ci-après :

Droit pénal et civil;
Cours d'administration locale, régime politique, administratif et financier;
Arithmétique et géométrie pratique;
Notions d'hygiène et de médecine vétérinaire;
Notions d'art khmèr.

L'École recrute ses élèves par voie de concours à raison de vingt par promotion; elle admet également sans condition des auditeurs libres en nombre illimité. La moyenne de l'effectif scolaire est d'une cinquantaine d'élèves. La durée de la scolarité est fixée à deux ans avec un examen de passage de la première à la deuxième année et par des examens de sortie pour les étudiants de deuxième année, qui ambitionnent la possession du diplôme de l'École.

Pour les deux années scolaires 1918-1919 il a été délivré trente diplômes.

Pendant la durée de la scolarité, les boursiers sont utilisés dans les Ministères en vue de les familiariser avec la pratique des divers rouages administratifs et judiciaires du royaume, dont ils puisent les règles théoriques dans les cours journaliers professés à l'École.

Les cours sont confiés suivant la matière à enseigner à des fonctionnaires français: magistrats, administrateurs, médecin, vétérinaire, directeur des Arts, assistés de répétiteurs cambodgiens choisis parmi les interprètes que leurs études antérieures ont rendu capables de seconder les chargés de cours.

Tel est le fonctionnement actuel de l'École d'Administration cambodgienne.

Les résultats obtenus d'années en années n'ont fait que consacrer la réputation acquise par l'École dans les milieux cambodgiens. C'est ainsi que, pour ne mentionner que le concours organisé à l'occasion de la rentrée de 1920, 260 candidats ont postulé pour obtenir les vingt places de boursiers. Parmi les heureux candidats admis, deux possèdent le diplôme de fin d'études complémentaires et sept le certificat d'études primaires, enfin, plusieurs autres ont justifié des notions de langue française qui faciliteront leurs études

La répercussion sur le recrutement des fonctionnaires de l'Administration indigène s'illustre par les chiffres ci-après pendant les années 1918, 1919 et 1920, se rapportant aux concours annuels des kromokars stagiaires. Les emplois vacants ayant été fixés au nombre de 44 furent disputés par 228 candidats dont 81 appartiennent à l'école sur lesquels 33 se sont vu chacun attribuer une place, soit les 75 % des vacances.

Ainsi s'explique la faveur publique que rencontre jusqu'ici l'École d'Administration cambodgienne dans le royaume. Cette circonstance sera mise à profit par l'Administration du Protectorat pour rendre progressivement plus sévères les conditions d'admission à l'École afin d'arriver à n'avoir que des étudiants diplômés de langue française, celle-ci constituant l'élément indispensable pour faire mieux dispenser l'enseignement technique par les maîtres.

***

Ainsi en dix ans, le Protectorat, poursuivant son programme d'améliorations matérielles, intellectuelles et morales, a obtenu progressivement, et notamment avec l'institution de l'École d'Administration cambodgienne, des résultats tangibles qu'il est heureux de produire. Si dans la conquête des richesses morales l'on mesure la profondeur du fossé qui sépare le passé du présent, les constatations sont plus frappantes encore.

Hier il subsistait dans le pays des fonctionnaires indigènes nombreux, sans formation ni instruction techniques, administrant et distribuant une vague justice avec les seuls principes d'empirisme qui comportent abus, vénalité, servilisme, intrigues; aujourd'hui, la méthode, l'ordre, le travail se sont introduits dans les cadres administratifs et judiciaires éveillant la conscience professionnelle faite d'intelligence, de droiture, d'activité, d'honnêteté.

Cette transformation et cette évolution sont uniquement dues à l'action bienfaisante, pénétrante de l'instruction moderne, aux méthodes scientifiques de l'Occident qui, par des siècles de pratique éprouvée, portent partout où elle pénètrent clarté, fécondité et progrès.

Est-ce à dire que la tâche est achevée? Non certes, nous sommes à peine à l'aube naissante, et la pleine lumière tardera d'autant plus à venir que les ténèbres qu'elle a eu à percer auront été plus épaisses, plus profondes.

Le temps fera lentement son œuvre utile et féconde.

Pour le moment, l'École d'Administration cambodgienne est appelée à appliquer des principes rénovés qui, se répercutant dans la vie sociale indigène, ne pourront avoir sur elle qu'une influence heureuse dans toutes ses manifestations présentes et sur son avenir qui reste le champ brillant des belles réalisations.

Qu'il me soit permis, pour terminer, de rendre un humble hommage aux artisans de la noble tâche commencée dans le passé et qui se continue de nos jours avec tant de succès. Le bon grain semé ne peut produire que de fructueuses moissons.

J'incline notamment les sentiments de vive reconnaissance de la jeunesse laborieuse et studieuse ici présente;

Vers M. le Ministre des Colonies qui, en Indochine, a été l'éminent continuateur de Paul Bert, de Paul Beau, pour ne citer que ces noms, dans la diffusion de la pensée française par l'organisation de l'Enseignement supérieur et de l'Université de l'Indochine à laquelle se rattache l'École d'Administration cambodgienne.

Vers le Représentant de la République française, qui a bien voulu par sa présence ici rehausser l'éclat de cette inauguration et dont les marques de haut intérêt ne feront jamais défaut pour développer toujours davantage le domaine de l'activité et du savoir humain.

Vers le Souverain, unanimement aimé et vénéré, ami sincère du progrès, des sciences et des arts, qui marque son long règne au Cambodge des plus belles réformes, de la plus grande prospérité, de la plus magnifique grandeur que le peuple khmèr ait connues depuis des siècles grâce à l'égide de la France bienfaitrice à laquelle lui et son peuple restent immuablement attachés.

Les phalanges d'étudiants qui se succèderont dans cette Ecole n'oublieront jamais que c'est à vous, Sire, que sont dues les dispositions par lesquelles l'accession aux fonctions publiques, réservées jadis au pouvoir royal sans conditions, reste désormais acquise par le bénéfice du concours ou la consécration des titres universitaires de l'Enseignement public.

Capacité, labeur, effort, probité, telles sont les enseignes vers lesquelles votre Vénéré Monarque et le Protectorat ont voulu, dans leur intuition du progrès, diriger les aptitudes des sujets du royaume plus particulièrement de ceux qui se destinent à l'administration du pays.

Enfin, vers vos chargés de cours, jeunes étudiants, doit aller votre gratitude pour la patience, le dévouement, le savoir qu'ils apportent à vous dispenser l'enseignement non seulement par les cours professés à l'école, mais encore en vous préparant des livres qui complèteront votre instruction, enseignement et travaux, qui feront de vous des fonctionnaires de l'ordre administratif ou judiciaire instruits, conscients de leurs devoirs et de leurs obligations envers leurs administrés ou judiciables, envers leur Souverain et le Protectorat.

A mon tour, j'adresse à vos professeurs l'expression des remerciements de l'Administration locale pour l'avoir secondée avec fruit dans une des branches de l'expansion morale qu'elle avait le plus à cœur de voir réussir.

Mais quel que soit l'artisan qui puisse figurer en bonne place sur les tablettes de l'Ecole, je répéterai pour celle-ci ce que le Gouverneur Général Albert Sarraut disait d'une voix plus éloquente en parlant de l'Université de Hanoï :

« Un seul nom peut y resplendir: celui de France. Et si tant est
« qu'elle garde la trace du labeur de récents ouvriers, leur mérite
« ne se peut mesurer qu'à la fidélité avec laquelle poursuivant la
« tradition de leur Patrie, ils ont persévéré dans la grande tâche
« éducatrice à laquelle la France s'est vouée depuis qu'elle est venue
« dans ce pays. »